定表　卷之六

共五冊

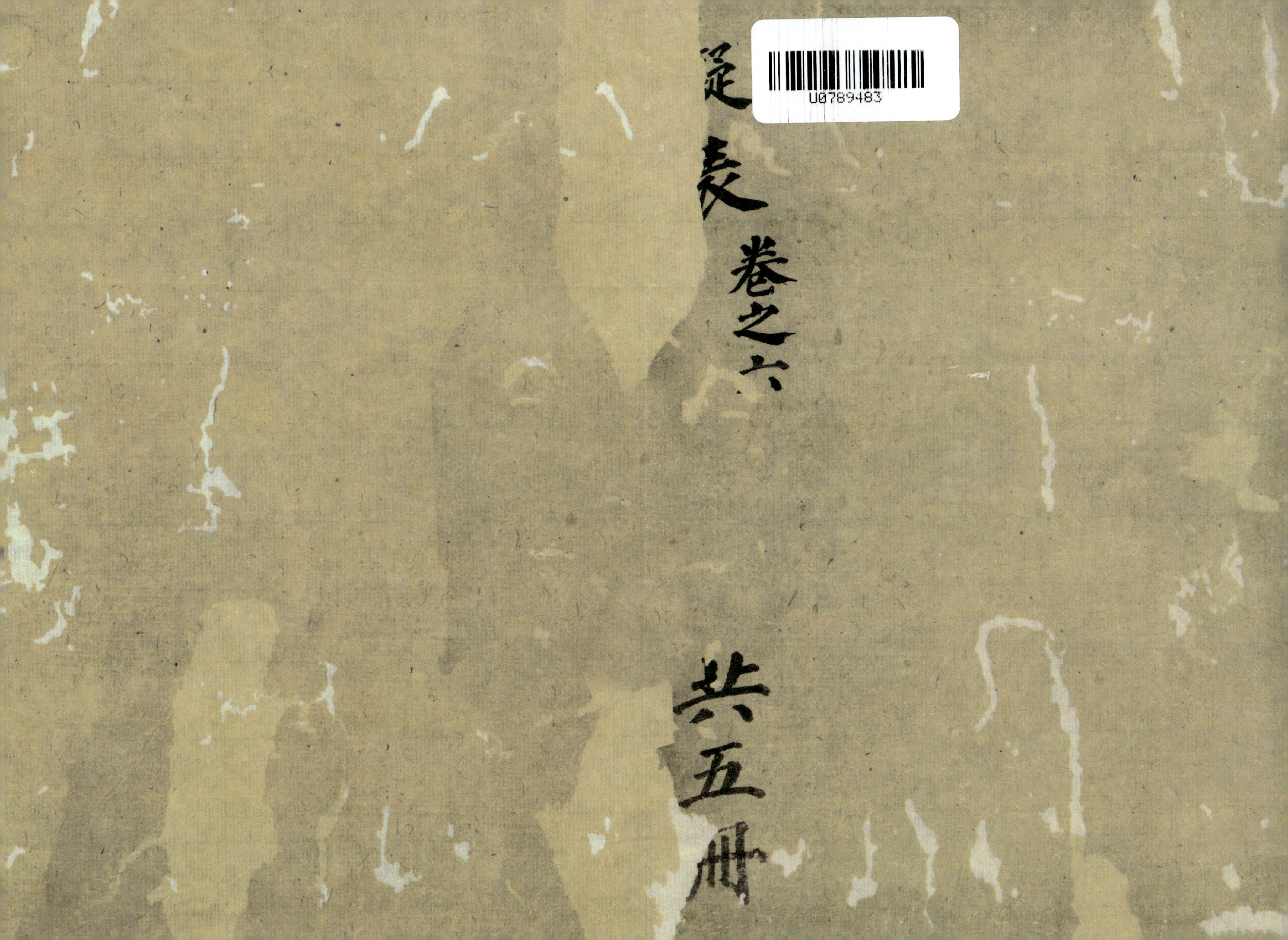

請封表文
謝封表文
官生回國謝表
新擬合共九篇

請封表文

琉球國中山王世子臣尚貞誠惶誠恐稽

首頓首

上言伏以

帝德宏敷遐邇慶風雲之會

皇仁廣播要荒沾雨露之恩

瞻化心傾望

[illegible]素志

[illegible]念切冀

寵賜以承庥恭惟

皇帝陛下

道承三統

德總萬廷

惠心馳浴日之鄉蛟廷享質

仁威震無雷之野鳳穴來賓固已沛湛恩於

天末遐徼皆渏

眷顧尤期普江澤於世守嗣服邀襲藩封臣貞
僻處海陬深慎繼先有愧而忝任承祧抑
賴
恩寵榮襲令克繼于先業倍勉圖于効忱伏願
不忘舊績
益擴新恩
俯念祖父之積忱
[illegible][illegible]之仁於後嗣俾臣得光承舊物永紹先
[illegible][illegible]緗籍
皇圖而並鞏屏翰効奕世以長新
聖德溥被殊方沾太液之波
皇仁丕播異域沐春臺之潤將見重譯而來非
止有九而指車之錫不僅有一則侯甸要
荒永享熙朝之暐暐東西朔南長歌
帝德之熙熙矣臣貞無任激切翹首待
命之至謹奉

聞
表以
康熙十九年九月三十日琉球國中山王世
子臣尚貞謹上表
請封表文
琉球國中山王世曾孫臣尚敬誠惶誠恐
稽首頓首謹奉
表上言伏以
帝德徧乾坤中國覲昭光之盛
皇恩彌宇宙海疆沾照臨之隆
開閶闔於九天
肅衣冠於萬國普天慶溢率土歡騰恭惟
皇帝陛下
慮周萬物

道貫百王
敎孝敎忠作千古君父之謨訓
制儀制禮昭百代聖賢之典型
侯甸要荒盡入職方之府
躬桓蒲穀悉歸王會之圖臣敬僻處海疆代
供貢職胙土分茅隆
聖朝之大典請
[illegible][illegible][illegible]先世之微忱謹遣陪臣夏執中蔡温
[illegible][illegible]請
綸音望
龍墀而悚慄承祧襲爵瞻
鳳詔以遥頌伏願
覆育同天
光輝匝地
合軌同文因舊典以廣新典
建官分職由内臣而及外臣將見文麟献瑞

永享熙熙之盛丹鳳來儀長歌皞皞之風
矣臣敬無任瞻
天仰
聖激切屏營之至謹奉
表恭
進以
聞

康熙五十五年

請封表文
琉球國中山王世子臣尚穆誠惶誠恐稽
首頓首謹奉
表上言伏以
玉版恢圖煥規模於舊制
寶綸沛澤隆體統於藩臣

率土莫不尊親衆星拱北

普天咸稱神聖諸水朝宗歡洽臣民慶騰宇

宙恭惟

皇帝陛下

覆育同天

光華匝地

躬桓蒲穀懋歸王會之圖

矣[illegible]安荒盡入職方之府臣穆世沐

聞

近以

乾隆十九年十月二十二日琉球國中山王

世子臣尚穆謹上表

擬請封表文

伏以

黼座春融車書集河山一統
楓宸日麗圖籙綿福祚萬年
釆甸要荒榮錫丹書鐵券
躬桓蒲穀寵分胙土苴茅遐邇傾心臣民歸
命恭惟
皇帝陛下
道符參兩
德合乾坤
信紀陔綱海濵沐詩書孚澤
揆文奮武陬澨被禮樂淳風臣某蟻垤彈丸
蝸居僻壤承祧襲爵
恩榮仰藉
龍章𢧐線微材継先時懐蛟負
丹書寵賁藩垣之統體攸隆舊業光膺畠嶼之
等感胥辨謹遣陪臣○○○○○等恭
請

玉冊匍叩

金階俾令克紹箕裘仰望頻頒

恩寵伏願

春回有腳

仁覆不毛

南面垂裳時沛未央之澤

深宮鰛瑟常流太液之波將見候月歸琛奚

[illegible]上失桑高柳而

[illegible][illegible]獻贄非徒筇笮越裳矣

擬請封表文

伏以

聖主當陽萬方鞏河山之帶礪

皙王御宇八極膺茅土之胙苴

正朔宣於遐陬咸仰玉冊金書之錫

文命孚於薄海共瞻寶函鐵券之榮喜起揚

休泰交誌盛恭惟

皇帝陛下

聖神廣運

文武兼資

侯甸要荒巾車司木革文物

信桓蒲穀王制辨䂓秩等威臣某海島藩垣

世沐

丹寸寅衷中山守土代供職貢

天戟蹕屢蟻埋彈九纘緒翹瞻

綸綍祗恐駑駘末品襲封時凜冰淵謹遣陪

臣〇〇〇〇〇等匍叩

金門仰頌

丹詔俾承舊業克紹先猷伏願

宵旰不忘

羹牆如見

列爵分土實玉帛之會於塗山

策命剖符大封建之模於洞水將見箕好風
雨畢好雨百瑞游臻鳳遊藪而麟遊郊千
祥畢集矣

擬請封表文

伏以

帝業肇芭桑泰交慶風雲之會
皇圖奠磐石陬澨灑雨露之恩
奉正朔而受共球河山長盟帯礪
肅衣冠而執玉帛川嶽永錫懷柔大地歡呼
普天踴躍恭惟
皇帝陛下
神奇天縱
恭默思凝
峻德膺功治統駕唐虞之上
顯謨承烈事業超文武之前 臣某雲外波臣

皇中澤國世受
覃恩優渥髙厚未答涓埃躬膺舊業纘承覆餗
彌深夙夜茅剖符班爵允爲
大典榮施而嗣服請
封恪守子臣職分謹遣陪臣〇〇〇〇〇〇等
闕叩
金門玉陛仰宣
賀母子壽祖武是繩皇輿籍鴻圖而並永貽謀
東緜瀛壖侍鼎籙而佰綿伏願
道契三無
恩覃九有
漸仁摩義谷安桂海氷天
懷德畏威咸儕春臺壽域將見安瀾有慶山
鶼水鰈凝祥海波不揚銀甕器車獻瑞矣
擬請封表文

伏以
黼座春融車書集河山一統
楓宸日麗圖籙綿福祚萬年
釆甸要荒榮錫丹書鐵券
躬桓蒲穀寵分胙土苴茅羣歌雲日就瞻共
羡江河清晏臣民歸命遐迩傾心恭惟
皇帝陛下
惪合申乾
道[illegible]參兩
治功超蒲坂八伯賡景慶之休
政教隆鎬京九如献岡陵之頌揆文奮武
濊被禮樂淳風飭紀陳綱海濵沐詩書餘
澤臣其蝸居僻壤蟻垤殫丸纖綫微材繼
先時懷蚊負承祧襲爵
恩榮仰藉
龍章舊業光膺嵒巽之寄威屑辨

丹書寵賁藩垣之統體攸隆謹遣陪臣○○○
○○○等匍叩
金階恭請
玉册俯令箕裘克紹永作雲外藩宣仰叨
恩寵頻頒愈效華封呼祝伏願
春回有脚
仁覆不毛
自句芝棠時沛未央之澤
泛尺絲逖常流太液之波將見候月歸琛奚
止扶桑髙栁而占星獻砮非徒節笮越裳
矣
擬請封表文
伏以
聖主當陽萬方聳河山之帶礪
哲王御宇八極膺茅土之胙苴

正朔宣於遐陬咸仰玉册金書之錫
文命孚於薄海共瞻寳函鐵劵之榮典禮制
度攸同統體規模聿煥泰交誌盛喜起揚
休恭惟
皇帝陛下
文武兼資
聖神廣運
[illegible]一作 謨烈丕顯丕承
仁孝性生謀猷善繼善述信桓蒲穀王制辨
鼗柷等威侯甸要荒巾車司木革文物屏
翰世及榮分鷺序清班藩服承祧念切
螭階殊
寵臣其中山守土代供職貢
天朝海島藩疆世沐
册封曠典乃若駑駘末品襲封時凜衣袽而蟻
埏殫九纘緒翹頌

綸綍護遣陪臣〇〇〇〇〇〇等匍叩
金門玉陛仰請
鳳詔龍章俾紹先猷克承舊業千秋異數百代
奇逢伏願
宵旰不忘
羹牆如見
列爵分土廣玉帛之會於塗山
秉令月符火封建之模於洞水將見箕好風
不畢好雨百瑞游臻鳳遊藪而麟遊郊千
祥畢集矣

謝封表文
琉球國中山王臣尚質誠歡誠忭稽首頓
首

上言伏以
紫氣承天鳳曆茂萬年鼎鼐
黄麻輝日龍章崇一德台衡天壤騰歡要荒綏
乂臣尚質誠惶誠恐稽首頓首上言竊惟
天門日朗光照窮簷
大地陽回春生幽谷是以殊方効順咸懷重譯
之忱異域投誠共切朝宗之慕我
青月寶賚世德三十載之修手遍慰雲霓十五
國之驅除悉調風雨恭逢
皇帝陛下
允文允武
乃聖乃神
斐鼎彝之銘
大箕裘之業声教所訖到處知不愆而不忘
恩威攸布所在悉由述而由舊體
先王柔遠之意再錫彤章承

祖宗一統之休復修文德 臣質 僻處中山向陽
實同草木愚罕嗣子投新敢切共球何幸
天朝遥頒
芝詔金章優錫寶篆生花
玉幣重施機紋炫彩數年碧海澄波早知
中國之聖人此日蒼璧龍光絢懷
有道之天子顧寸心之感激非尺素所能宣不
備專遣陪臣謝苶
簡眷虔將貢聊表微忱伏願
聖人普利鑒小國之來享來王
帝德崇隆重下濟而如礪如帶將見中外 臣隣
祝
一人之有慶荒徼玉帛頌
萬壽於無疆矣 臣 不勝激切屏營之至謹奉
表稱
謝以

聞
康熙二年十月二十二日琉球國中山王臣
尚質謹上表
謝封表文
琉球國中山王臣尚貞誠惶誠恐稽首頓
首謹奉
表上言伏以
典禮允成九譯戴丹書之錫
綸音遠賁十行承紫詔之恩仰
舜德以格心難名浩蕩誦
堯言而率舞永切瞻依恭惟
皇帝陛下
英明天縱
仁壽日升

秉鉞有虔皷雷厲風行之烈
垂衣而治際河清海晏之期可謂天生
聖人自是朝禰有道臣貞藩垣小域海澨微臣
僻處中山久沐
兩朝之雨露叨榮紱世彌依四表之光華乃者
恩及要荒喜從天下氣占星使者自日邊近臣
臨存不啻覲
臣頁而有喜

首謹奉
表上言伏以
聖武弘昭特重內屏之任
皇文丕振復膺外翰之權
隆體統於藩臣安內而兼攘外
煥規模於舊制緯武而即經文拜
命增虔撫躬益勵恭惟
皇帝陛下

道隆堯舜
德邁湯文
統六合而垂衣教仁必先教孝
開九重以典禮作君又兼作師臣敬世守藩
疆代供貢職荷
龍章之遠錫鮫島生輝沐
鳳詔之追諭祖廟增色對
天使而九叩望
象闕以三呼謹遣陪臣向龍翼程順則等虔齎
土物聊表芹私伏願
乾行不息
澤沛彌崇
統王會以開圖合車書者千八百國
占天時而應律聽禎祥於三十六風將見文
麟献瑞於鳳來儀矣臣敬無任瞻
天仰

聖激切屏營之至謹奉
表稱
謝以
聞
康熙五十八年
謝封表文
琉球國中山王臣尚敬誠惶誠忭稽首頓
首謹奉
表上言伏以
帝澤旁流九邊盡播史臣之冊
皇德廣被四海悉歸王會之圖
恩沛九重之膏湛露時降
瑞兆五雲之彩醴泉常生歡溢臣民慶騰宇
宙欽惟

皇帝陛下
慮周萬物
治冠百王
乃聖乃神煥規模於典禮
允文允武隆體統於海陬臣穆嗣守藩封代
供貢職拜荷
鳳詔褒封之典社稷生輝仰沐
宸翰錫予之章蝸居增色對
天使而九叩望
象闕而三呼拜命增虔撫躬益勵謹遣陪臣馬
宣哲鄭秉哲等齎捧
表章恭陳
帝座伏願
德合坤乾
恩同川嶽
感覆冒者萬國莫不尊親

沾雨露者四方盡皆頂祝將見文麟献瑞調
玉燭以無疆彩鳳来儀鞏金甌於有永矣
臣穆無任瞻
天仰
聖踴躍懽忭之至謹奉
表稱
謝以
聞
乾隆二十一年十月十二日琉球國中山王
臣尚穆謹上表
擬謝　封表文
琉球國中山王臣尚甚誠惶誠恐稽首頓
首謹奉
表上言伏以

泰階景運三殿頌紫誥之榮
文治昌明五方沐黃封之錫
化被滄溟山洞鐵券馳及要荒
風行渤澥沙城丹書播於陬澨千八百國之
共球丕振三十六島之采物聿新動地山
呼晉天嶽誦恭惟
皇帝陛下
聰明睿智
文武聖神
黼座垂裳普堯封之化雨
彤庭綴縵宏舜殿之薰風來享來王尺一丹
書揚於獻藝獻雉丈二印綬凝輝臣某供
職藩封備員島嶼何幸
綸音遠賁榮綰銀章乃辱星使遥臨光騰海宇
九京猶叨
褒諭寢廟之俎豆流馨藐孤既受

冊封祖武之弓裘克紹惟駑駘末品深懷蚊負之
憂而孱守棲遲遐遜兌趨之願謹遣陪臣
○○○○○等齎貴土物叩謝
天恩伏願
聖德常躋
仁心無斁
寄屏藩於域外向陽之草木生春
輸玉帛於寰中近水之樓臺得月將見圖籙
綿百代河海呈清晏之休鼎祚亘萬年日
月紀升恒之瑞矣臣 甚無任瞻
天仰
聖激切屏營之至謹奉
表稱
謝以
聞

擬謝 封表文
伏以
文治昌明三殿頒黃封之詔
泰階景運五方沐紫誥之榮
風行渤澥滄溟丹書播於陬澨
化被沙城山洞鐵券馳及要荒動地山呼彌
天嶽誦恭惟
皇帝陛下
聰明睿智
文武聖神
黼座垂裳普堯疆之化雨
彤庭縕瑟宏舜陛之薰風臣某供職藩封備
員島嶼何幸
綸音遠賁榮綰銀章乃辱星使遙臨光騰海宇
九京猶叨
褒崇寢廟之俎豆流馨藐孤既受

毋封祖武之弓裘克紹惟駑駘末品深懷敢負
之憂而屬守棲遲匪遂覓躅之願謹遣陪
臣○○○○○○等齎貢土物叩謝
天恩伏願
聖德常躋
仁心無斁
寄屏藩於域外向陽之草木生春
瀚玉帛於島中近水之樓臺得月將見圖籙
綿百代河海呈清晏之休昂祚亘萬年日
月紀升恒之瑞矣 臣某無任瞻
天仰
聖激切屏營之至

擬謝 封表文

伏以
皇仁同覆載車書集一統河山

帝德徧乾坤要荒霑累朝雨露
來王來享屏藩寵錫銀章
獻琛獻球帶礪荣分鐵券外邦溢慶環海騰
歡恭惟
皇帝陛下
道軼羲軒
業高堯舜
安内攘外河清偕海晏揚休
緯武經文雨潤共風祥呈瑞咸頌
太平天子羣歌
有道聖人臣某鮫島微員蜃宮荒服代沐
聖朝培植躬膺王爵襲封星使遥臨如拖
龍光而華祝
恩綸遠賁惟虔虎拜以嵩呼五色
褒嘉祖廟之蘋蘩映於十行
丹綍球陽之岳瀆增輝册立

覃恩蟻私莫報纘承舊業蚁負懷慚乃緣蝸處
南隅遐遞恩趨
北闕謹遣陪臣○○○○○等齎貢方物聊
效葵傾叩謝
天恩徒思曝獻伏願
仁声廣詑
文德誕敷
披王會之山川執玉帛者千八百國
攬職方之版宇奠金甌於億萬斯年將見璧
合珠聯常輝雍熙之世而鳳儀獸舞永遊
浩蕩之天矣

擬謝 封表文

伏以
紫闕錫龍章海嶠之河山煥彩
黃扉頒鳳詔滄溟之草木生春

五色燦朝霞珙球偕鼎圖而並峙
十行麗曉日玉帛共帶礪而長新域外咸歡
島中胥慶恭惟
皇帝陛下
惟精惟一
作君作師
緯地經天兵農昭垂雅化
撥文奮武禮樂黼黻太平臣某環海藩垣中
山守土歷
朝而叨
覆載閲。代而荷
冊封
天使遙臨恍覲
龍光於東渤
丹書遠賁惟虔虎拜於南溟祗綿僻處蝸居莫
遂覲趨之願而以群尤蜃守聊伸芹献之

私謹遣陪臣○○○○○○等齎貢土物
上陳俯叩
金階奏謝伏願
無逸作所
有道興歌
皇輿攄版宇之隆黼座披治安策議
王會登幅幀之盛楓宸誦大寶良箴將見來
享來王遍浴日浴星之野而献琛献砮迺
扶桑高柳之鄉矣　臣某無任瞻
天仰
聖激切屏營之至謹奉
表稱
謝以
聞

官生回國謝表

琉球國中山王臣尚貞誠惶誠恐稽首頓

首謹奉

表上言伏以

布敎溢中華設席闡尼山之秘

覲光來異域執經分泮水之光

棫樸篇中時展縹緗歌夜月

杏花壇上長垂衣帶拂春風喜動儒林歡騰

海國恭惟

皇帝陛下

允文允武

乃聖乃神

王化廣敷措一代於利樂賢親之内

文風遠播範四方於詩書礼樂之中臣貞覲

海有懷望洋徒嘆眷中山而頒印綬蟻封

久叨帶礪之榮入國學而奉典章虎觀不

遺篤貽之選一之以声音點畫口誦心維
教之以節義文章耳提面命况夫冬裘夏
葛授衣畫
内府之藏兼之朝饔夕餐賜食悉
天厨之饌
恩深似海難忘推解之隆澤
沛如天莫報栽成之大雖三年國子敢云得九
丘八表之微言而一介豎儒猶幸聞四書
經之大旨祗爲養親念切
君门上重譯之章何以遠　恩殊
天闕賜還鄉之詔歸而言忠言孝咸知君父
之尊因爲獻藻獻芹聊表臣子之敬伏願
車書一統
玉帛萬方
有分土而無分民到處珠璣生筆下
得大才方可大用何人錦繡不胸中行見耳

目股肱不出圖書之府亦使東西南朔無
非翰墨之林矣臣貞無任瞻
天仰
聖激切屏營之至謹奉
表稱
謝以
聞
康熙三十一年十月二十五日琉球國中山
王臣尚貞謹上表

官生回國謝表
琉球國中山王臣尚貞
布敎溢中華設庠闡尼山之秘
觀光來異域執經分泮水之傳

棫樸篇中時展縹緗歌夜月
杏花壇上長垂衣帯拂春風喜動儒林歡騰
海國恭惟
皇帝陛下
允文允武
乃聖乃神
王化廣敷措一代於利樂賢親之内
文風遠播範四方於詩書礼樂之中臣欽觀
海有懷望洋徒嘆春中山而頒印綬蟻封
久叨帯礪之荣入國学而奉典章虎觀不
遺駑駘之選一之以声音點畫口誦心維
教之以節義文章耳提面命况夫冬裘夏
葛授衣畫
内府之藏蒸之朝饔夕餐賜食悉
天厨之饌
恩深似海难忘推解之隆

澤沛如天莫報栽成之大雖數年國子敢云得
九丘八索之微言而一介豎儒猶幸聞四
書五經之大旨祇為養親念切
象闕上表陳情何以逮下恩深
龍墀錫命返棹歸而言忠言孝咸知君父之尊
因舒獻藻獻芹聊表臣子之悃伏願
車書一統
玉帛萬方
有分土而無分民到處珠璣生筆下
得大才方可大用何人錦繡不胸中行見耳
目股肱不出圖書之府而使東西南朔無
非翰墨之林矣臣敢無任瞻
天仰
聖激切屏營之至謹奉
表稱
謝以

聞
雍正八年
擬官生回國謝表
琉球國中山王臣尚某誠惶誠恐稽首頓
首謹奏
表上言伏以
文治覃敷朝陽之梧桐煥彩
仁声遠被泮壁之芹藻流香
黌序擁青氊授業沐杏壇化雨
膠庠垂絳帳執經拂函丈春風慶洽書田歡
騰學海恭惟
皇帝陛下
菁莪造士
棫樸作人

異域樂覩光廣植宮墻之桃李
寰區仰風化宏儲藥籠之參苓　臣某識陋井
蛙學慚窺豹彈丸澤國獲膺
封典之榮一介豎儒濫廁成均之列春干秋羽
教以制義清真朝誦夕絃叶以中洲宮徵
博覩於石渠虎觀涵濡於礼樂詩書乃表
葛畫頒
内府之藏而饔飱仰給
天庾之賜讀中秘而窮經畢世誦蓼莪而捲
卷思親覼司業以陳情遂烏私而返棹何
幸
金門筵宴復加馳驛還鄉頂踵难酬涓埃莫答
謹遣陪臣○○○○○○等齎貢方物叩
謝
天恩伏願
登五咸三

道同俗一
人文霞蔚海宇産楩楠杞梓之材
英俊雲烝山陬聚麴蘖鹽梅之品將見輝煌
廊廟皆文經武緯之猷而黼黻休明悉内
聖外王之學矣臣某無任瞻
天仰
聖激切屏營之至謹奉
表稱
謝以
聞

擬官生回國謝表

伏以
文教昌明。泮壁燦鸞旂之彩。
泰階景運。靈臺振鼉鼓之休。
黌序欽羽儀。絳帳挹衣立夜雪。

雍宮端模楷。青氊辨難坐春風。慶洽樵薪。光
生芹藻。恭惟
皇帝陛下
經天緯地。
奮武揆文。
道繼尼山。窺萬仞宮墻之美富。
學宗鹿洞。接半畝方塘之源流。臣某觀海有
懷。向隅徒嘆。
龍光日麗。瞻
天使而羨漢官威儀。
聖訓春融。遣闕胄而厠圜橋聽講。羽干絃誦。悉
敷以禮樂文章。衮舄饔飧。盡頒於
上方內府。虞麋廪餼。濫吹齊竽。乃杂芑懷親。司
業陳情請歸養。而
金门筵宴。
聖恩高厚。賜還。鄉。海島增榮。布衣殊遇。薄陳葵

藿叩謝
天恩。伏願
棫樸栽培。
菁莪樂育。
卷阿載咏。共慶梧桐車馬之輝。
天保興歌。競獻月恒日升之頌。將見群英霞
起。盡春華秋實之材。而多士雲從。皆東箭
南金之品矣

擬官生回國謝表

伏以
聖教普滄瀛。雍宮揚鼓鐘之樂。
文治光海甸。泮水流芹藻之香。
棫樸栽培。夜雪牙籤波絳帳。
菁莪雅化。春風玉麈拂青氊。藝苑歡騰。儒林

喜勳恭惟
皇帝陛下
功高千聖。
道邁百王。
講幄宏開心源闡濂洛關閩之祕。
經筵時御道統接洙泗鄒魯之傳。臣某識陋
管窺。情殷向若。球陽僻
寵眷。宣賓册而綰銀章。島外切覲光。入成均而
學干羽。驪黃不遺。夫駕駘之選。絲麻無棄
乎菅蒯之收。黌序執經。陶淑於詩書禮
樂。圜橋聽講。盡涵濡於節義孝廉。教之以
帖括文章。協之以中洲音語。三餘膏火。饌
分太液之波。四季葛裘。衣授
上方之賜。裁成之
恩深似海。樂育之
德厚如山。乃一介書生。何幸歌梧桐之菶萋。

而敎年國子。不免陟屺岵以懷恩。願司業
而上表陳情。錫
王音而榮施逈棹。謹遣陪臣○○○○○○等、
齎貴方物叩謝
天恩伏願
精一彌修。
聖神愈懋。
英才皆照乘。鷟坡誇陸海潘江。
俊彥畫連城。鳳掖萃班香宋艷。將見男邦來
衛。咸成登於西園翰墨之林。而候甸要荒悉
入於東壁圖書之府。矣臣某無任瞻
天仰
聖激切屏營之至
擬官生回國謝表
伏以

敷教訖邀阙膠庠垂尼山道統
覲光來異域黌序開虞洞宗傳
瑞靄鱣堂渤澥聆鼓鐘雅韻
春融絳帳泮濱流芹藻芬芳頌及九天慶敷
八極恭惟
皇帝陛下
道高廣運
學懋緝熙
緯武經文駕虞夏商周而稱盛
豐功偉烈軼漢唐宋明以獨隆臣某觀海有
懷向隅徒嘆罣叨
寵眷疊沛
恩綸迎
天使而瞻威儀恍覲
龍光於黼扆還闕胄而入國學如聆
聖訓於圜橋鼓篋絃歌教之以文章禮樂諸声

會意調之以齒舌唇喉乃裘葛饔飧盡頌
於
八方天庥而圖書翰墨悉供於芸局蘭臺學海
淵深思窮經而卒業鄉雲繚繞切定省而
懐歸何幸
榮賜還鄉又兼
筵宴馳驛齊竽濫厠太液騰波歸而宣布
恩威因爲愈深忠孝薄陳葵藿叩謝
天恩伏願
垂拱凝麻
勵精圖治
仁風廣洽羅梗楠杞梓之英奇
文運聿新普棫樸菁莪之雅化將見東西南
朔咸説礼而敦詩侯甸要荒皆家絃而户
誦矣

**圖書在版編目（CIP）數據**

中山表文/（琉球）毛如苞等撰. --上海：上海古籍出版社, 2023.12
ISBN 978-7-5732-0962-7

Ⅰ.①中… Ⅱ.①毛… Ⅲ.①奏議－匯編－中國－清代 Ⅳ.①K249.065

中國國家版本館CIP數據核字（2023）第216675號

ISBN 978-7-5732-0962-7

中山表文（全四册）（琉球）毛如苞等 撰
出版發行 上海古籍出版社
（上海市閔行區號景路一五九弄一—五號A座五F 郵政編碼 二〇一一〇一）
（一）網址：www.guji.com.cn
（二）E-mail: gujil@guji.com.cn
（三）易文網網址：www.ewen.co
印刷 杭州蕭山古籍印務有限公司
開本 七〇〇毫米 乘 一〇〇〇毫米 十八分之一
印張 二十四又十八分之十六
版次 二〇二三年十二月第一版
二〇二三年十二月第一次印刷
書號 ISBN 978-7-5732-0962-7 / K·3514
定價 貳仟貳佰捌拾元